HAUSTIERE FÜR KINDER

MEERSCHWEINCHEN

Mark Evans
Tierarzt

Übersetzt und bearbeitet von Katharina Georgi

Herold Verlag

Herold Verlag

Projektleitung Liza Bruml
Bildredaktion Jane Coney
Lektorat Miriam Farbey
Gestaltung Rebecca Johns
Fotos Paul Bricknell
Illustrationen Malcolm McGregor

Übersetzt und bearbeitet von Katharina Georgi

Anmerkung für Eltern:
Dieses Buch zeigt Ihrem Kind, wie es verantwortlich und liebevoll mit seinem Haustier umgehen soll. Aber denken Sie bitte daran, daß es Ihre Hilfe und Unterstützung braucht, um täglich für sein Tier zu sorgen. Schenken Sie Ihrem Kind kein Meerschweinchen, wenn Sie nicht sicher sind, daß Ihre Familie genügend Zeit und Liebe aufbringen kann, um das Tier angemessen zu versorgen – sein ganzes Leben lang.

© 1993 Herold Verlag, D-81675 München
Ein Dorling Kindersley Buch
Originaltitel: How to Look after Your Pet: Guinea Pigs
© 1992 by Dorling Kindersley Limited, London

Alle Rechte der Vervielfältigung und Verarbeitung einschließlich Film, Funk und Fernsehen sowie der Fotokopie, Mikrokopie und der Verarbeitung mit Hilfe der EDV vorbehalten. Auch auszugsweise Veröffentlichungen außerhalb der engen Grenzen des Urheberrechts- und Verlagsgesetzes bedürfen der Zustimmung des Verlages.

ISBN 3-7767-0589-2

Bildnachweis: Walter Büchi S.12; Steve Shott S.25

Inhalt

8
Einführung

10
Was ist ein Meerschweinchen?

12
Leben in der Wildnis

14
Allerlei Farben und Muster

16
Das Meerschweinchenhaus

18
Nötige Ausrüstung

20
Meerschweinchenwahl

22
Willkommen zu Hause

24
Meerschweinchenfreunde

26
Füttern eines Meerschweinchens

28
Frisches Futter

30
Säubern des Stalls

32
Fellpflege

34
Die Meerschweinchensprache

36
Das Freigehege

38
Beschäftigungen

40
Meerschweinchennachwuchs

42
Gesundheitsvorsorge

44
Besuch beim Tierarzt

45
Mein Meerschweinchen

45
Register

Einführung

Um ein guter Meerschweinchenbesitzer zu werden, muß man zuerst einmal die richtige Art und Anzahl von Haustieren auswählen. Meerschweinchen mit kurzem Fell sind am leichtesten zu pflegen. Meerschweinchen lieben Gesellschaft, deshalb solltest du mindestens zwei anschaffen. Aber denk immer daran: egal, welche Sorte und wie viele Meerschweinchen du dir aussuchst, du mußt dich jeden Tag um sie kümmern. Nicht nur am Anfang, sondern ein ganzes Meerschweinchenleben lang – also etwa drei Jahre.

Wie du lernst, deine Meerschweinchen zu verstehen
Du solltest versuchen, deine Meerschweinchen gut kennenzulernen. Wenn du sanft mit ihnen umgehst und viel mit ihnen sprichst, werden sie dir schon bald vertrauen. Beobachte sie sorgfältig, und nach kurzer Zeit wirst du wissen, auf welch faszinierende Art und Weise sie sich verständigen.

Einkaufskorb mit Dingen, die du benötigen wirst

Die Meerschweinchen schnuppern an deiner Hand, um deinen Geruch kennenzulernen

So sorgst du für deine Meerschweinchen
Du wirst nur dann gut Freund mit deinen Meerschweinchen, wenn du dich ständig um sie kümmerst. Du mußt dafür sorgen, daß sie das richtige Futter fressen, immer Wasser haben und jeden Tag genügend Auslauf bekommen. Außerdem mußt du sie regelmäßig bürsten und ihren Stall sauberhalten.

Bürste deine Meerschweinchen möglichst jeden Tag

Meerschweinchenspiele

Deine Meerschweinchen sind sehr lebhaft. Du solltest jeden Tag mit ihnen in ihrer Spielkiste und ihrem Freigehege spielen. Wenn du dich mit ihnen beschäftigst, wird jeder merken, daß du dich gut um deine Tiere kümmerst.

Versteckstes Futter suchen ist eines ihrer Lieblingsspiele

Menschen, die helfen können

Die besten Meerschweinchenbesitzer versuchen stets, mehr über ihre Tiere herauszufinden. Frage deinen Tierarzt, wie du am besten für ihre Gesundheit sorgen kannst.

Du mußt regelmäßig mit deinen Tieren zum Tierarzt gehen

Neue Familienmitglieder

Deine Meerschweinchen werden besondere Mitglieder deiner Familie. Jeder wird sie streicheln und ihnen bei ihren Unternehmungen zusehen wollen. Deine Meerschweinchen können sogar mit einigen deiner anderen Tiere Freundschaft schließen.

Frage einen Erwachsenen
Bei diesem Zeichen solltest du einen Erwachsenen um Hilfe bitten.

Deine Tiere gehören zur Familie

Das solltest du dir merken!
Wenn du Meerschweinchen hast, solltest du einige wichtige Regeln beachten:

- Wasch dir nach jeder Beschäftigung mit deinen Tieren und nach dem Säubern ihres Stalls die Hände.
- Küsse deine Meerschweinchen nicht.
- Füttere deine Haustiere nicht von deinem Teller.
- Wenn sich deine Meerschweinchen verstecken oder wenn sie schlafen, störe sie nicht.
- Ärgere deine Meerschweinchen nicht.
- Paß auf, wenn deine Meerschweinchen mit anderen Haustieren zusammen sind.
- Schlage deine Tiere niemals.

Was ist ein Meerschweinchen?

Das Meerschweinchen ist eigentlich gar kein Schwein. Es ist ein Nagetier und stammt ursprünglich aus Südamerika. Nagetiere haben sehr scharfe Vorderzähne, die ihr ganzes Leben lang wachsen. Sie werden zum Nagen benutzt. Alle Nagetiere gehören zu den Säugetieren. Säugetiere sind Warmblüter und haben Haare. Wenn sie klein sind, trinken sie bei ihrer Mutter Milch.

Klein und pummelig
Ein Meerschweinchen hat einen rundlichen Körper und kurze Beine, deshalb kann es nicht sehr gut rennen oder klettern. Es hat einen sehr kurzen Hals, und sein Mäulchen ist nicht weit über dem Boden, so daß es sich zum Grasfressen nicht bücken muß.

Rosa Zitze

Dickes Bäuchlein wölbt sich heraus

Winzige Lippen

Nasenlöcher

Die Hinterfüße sind seitlich ausgestellt

Haariger Bauch

Die Vorderfüße liegen eng beieinander

Lange Augenbrauen zum Fühlen

Die langen Tasthaare dienen der Orientierung

Scharfe Krallen sorgen für festen Halt auf rauhem Untergrund

Dein Meerschweinchen von unten
Ein Meerschweinchen hat einen großen, dicken Bauch, in dem das harte Pflanzenfutter verdaut wird. Er ist so groß, daß die Hinterbeine seitwärts herausstehen, damit sie darunter überhaupt noch Platz finden. Die Vorderfüße liegen eng beieinander. Sie tragen den Kopf. Betrachte den Bauch genau, und du wirst zwei Zitzen entdecken. Wenn ein Meerschweinchen Mutter wird, saugen die Jungen daraus die Milch.

Das Ohr hört auch die leisesten Geräusche

Das Auge hält nach Feinden Ausschau

Die Nase nimmt auch schwache Gerüche wahr

Die Tasthaare erkennen Gefahren

Im großen Mund ist Platz für 20 Zähne

Immer wachsam
Ein Meerschweinchen kann Gefahren erkennen, auch wenn es gerade frißt und seinen Kopf gesenkt hat. Es kann gut hören und sehr gut riechen. Seine Augen sitzen seitlich am Kopf, so daß es sofort merkt, wenn sich etwas von hinten nähert.

Schau dein Meerschweinchen genauer an

Die Augenlider befreien die Augen von Staub, wenn das Tier blinzelt

Die Vorderzähne wachsen ständig. Durch Nagen bleiben sie kurz

Die großen Hinterfüße haben drei Zehen und eine lederartige Sohle

Die Vorderfüße haben vier Zehen. Harte Ballen schützen die feinen Zehenknochen

Wenn sich ein Meerschweinchen hochreckt, sieht man seine langen Hinterbeine

Dickes, weiches Fell hält das Meerschweinchen warm

Fettdrüse erzeugt ein duftendes Wachs

Der große Bauch verbirgt die Hinterbeine

Der Meerschweinchenschwanz ist so kurz, daß man ihn nicht sehen kann

Leben in der Wildnis

Wildlebende Meerschweinchen wohnen in Familienverbänden im Gebirge und im flachen Grasland von Südamerika. Vor langer Zeit wurden sie von den Einheimischen als Nahrung gezüchtet. Händler brachten diese Meerschweinchen aus Südamerika in die ganze Welt. Die Meerschweinchen, die wir heute als Haustiere halten, stammen von den wildlebenden Tieren ab.

Wilde Vorfahren
Das wildlebende Meerschweinchen ist kleiner und hat eine spitzere Schnauze als unser Haustier. Sein rauhes Fell kann braun, schwarz oder grau sein. Jedes Haar hat eine helle Spitze, weswegen das Fell gesprenkelt aussieht.

Natürliches Zuhause
Wildlebende Meerschweinchen trampeln das Gras rund um ihre Behausungen nieder, um Pfade anzulegen. Sie leben im hohen Gras oder in verlassenen Bauen anderer Tiere.

Hohes trockenes Gras kann man leicht niedertreten

Meerschweinchen schaut neugierig hervor

Meerschweinchen sitzt in einem ausgehöhlten Graspfad

Das Meerschweinchen versteckt sich gern

Verstecken
Meerschweinchen sind sehr furchtsam. Die meiste Zeit verstecken sie sich im Gras. Sie schlafen ungefähr fünf Stunden täglich, aber sie schließen ihre Augen niemals länger als zehn Minuten.

Sein liebster Zeitvertreib ist Knabbern

Knabbern morgens und abends
Meerschweinchen fressen jeden Tag ungefähr sechs Stunden lang. Sie suchen ihre Nahrung meistens in der Morgen- oder Abenddämmerung, wenn ihre Feinde sie kaum sehen können.

Freundliche Gruppe
Wenn sie weder fressen noch schlafen, sind Meerschweinchen am liebsten mit ihren Familien und Freunden zusammen. Sie kuscheln sich aneinander, spielen miteinander oder gehen zusammen auf Entdeckung.

Über die Erde verstreut
Meerschweinchen gehören zur Familie der Nager. Nagetiere leben überall auf der Welt. Zu dieser Familie gehören winzige Mäuse ebenso wie große Tiere, zum Beispiel das südamerikanische Wasserschwein.

Allerlei Farben und Muster

Es gibt viele verschiedene Arten oder Rassen von Meerschweinchen. Einige haben einen einfarbigen Pelz. Die sogenannten Schecken können bis zu drei verschiedene Fellfarben haben. Meerschweinchen haben auch verschiedene Fellformen - kurz, lang, kraus. Überlege es dir gut, bevor du dir Meerschweinchen mit langem Fell aussuchst. Ihr zottiges Fell benötigt viel zusätzliche Pflege.

Helle Haarspitzen

Zweifarbige Aguti-Meerschweinchen mit Oran...

Aguti-Meerschweinchen
Das Fell der Agutis ändert seine Farbe von der Wurzel bis zur Spitze. Deshalb sehen sie gesprenkelt aus. Alle Wildmeerschweinchen sind Agutis.

Schwarzes Hinterteil

Das glänzende Fell ist orange

Weißes Band um die Mitte

Schwarzer Fleck

Braune Fleck

Kurzhaarige Meerschweinchen
Kurzhaarige Meerschweinchen haben ein glattes glänzendes Fell. Die Fellmuster haben Namen, wie zum Beispiel Holländer oder Schildpatt.

Weißer Fleck

Zweifarbiger Holländer   Einfarbig

Wirbel entlang dem Rückgrat

Abstehendes Fell

Braunes Haarbüschel auf dem Kopf

Weißer Streifen

Mehrfarbiges Schild Meerschweinchen Weiß

Rosetten-Meerschweinchen
Unser Kopfhaar hat meistens nur einen Haarwirbel. Abessinische oder Rosetten-Meerschweinchen haben viele Wirbel über ihren ganzen Körper verteilt. Dadurch sehen sie sehr flauschig aus.

Rosetten-Meerschweinchen   Rosetten-Meerschweinchen mit Weiß

Das Fell besteht aus schwarzen und orangen Haarwirbeln

Schildpatt-rosetten-Meerschweinchen

Krönende Häubchen
Einige Meerschweinchen haben eine Haarkrone auf ihrem Kopf. Diese nennt man Haube.

Goldene Haube

Mehrfarbiges Schopf-Meerschweinchen

Einfarbiges Schopf-Meerschweinchen

Kleine Rassenlehre

Zwei Meerschweinchen derselben Rasse bekommen ein gleich aussehendes Junges

Das Meerschweinchen sieht wie seine Eltern aus

Langes, weiches Fell

Peruaner
Peruanische Meerschweinchen haben seidiges Fell, das bis auf den Boden wächst. Der Pony muß stets zurückgebürstet werden, damit er nicht die Augen bedeckt.

Zwei verschiedenrassige Meerschweinchen bekommen einen Mischling oder eine Kreuzung

Mehrfarbige Peruaner

Peruanische Seidentiere
Peruanische Seidentiere haben sehr langes Fell, aber es wächst nicht über ihre Augen. Sie können deshalb besser sehen als Peruaner.

Kurzes grau-weißes Fell im Gesicht

Das Meerschweinchen sieht ein bißchen wie beide Eltern aus

Weißes Fell mit braunen Flecken

Seidiges, weiches Fell

Peruanisches Seidentier

Satin-Meerschweinchen
Einige Meerschweinchen haben sehr weiches und glänzendes Fell. Diese nennt man Satin.

Zwei Kreuzungen können Kinder fast jeden Aussehens bekommen

Mehrfarbiges Satin-Meerschweinchen

Einfarbiges Satin-Meerschweinchen

Mehrfarbiges Aguti-Rex

Ein richtiger Mischling!

Rex-Meerschweinchen
Rex-Meerschweinchen haben kurzes, plüschartiges, gewelltes Fell. Es fühlt sich rauh an, wenn du sie streichelst.

Einfarbiges Rex-Meerschweinchen

Mehrfarbiges Holländer-Rex

15

Das Meerschweinchenhaus

Bevor du Meerschweinchen kaufst, mußt du einen Stall für sie haben. Sie sind sehr lebhaft, deshalb sollte der Stall groß genug sein. Stelle ihn an einen geschützten Platz, wo andere Tiere nicht hinkommen. Denke daran, dir einen Vorrat an Meerschweinchenfutter anzulegen (s. S. 26). Außerdem benötigst du Streu und ein paar andere Dinge.

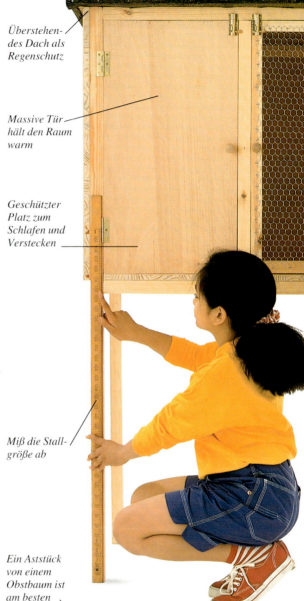

Überstehendes Dach als Regenschutz

Massive Tür hält den Raum warm

Geschützter Platz zum Schlafen und Verstecken

Miß die Stallgröße ab

Ein Aststück von einem Obstbaum ist am besten

Papier

Du brauchst ein paar große Papierbögen, um den Boden des Stalls damit auszulegen. Altes Zeichenpapier (keine Zeitungen!) ist dafür gut geeignet.

Papierschnipsel
Besorge dir Papierschnipsel. Deine Meerschweinchen bauen sich daraus ein Nest.

Heu

Besorge trockenes, frisches Heu. Meerschweinchen fressen es sehr gerne und verwenden es auch, um sich ein Nest zu bauen.

Ast zum Nagen
Suche einen Ast zum Nagen für deine Meerschweinchen. Nagen hält ihre Zähne gesund und kurz.

Maschendraht ist luftdurchlässig

Dachpappe macht den Stall wasserdicht

60 cm

Dieser Stall ist 120 cm breit und 60 cm tief

80 cm

Hohe Beine schützen den Stall vor feuchtem Boden und vor anderen Tieren

Vorratsbehälter für Futter
Du brauchst einen Behälter, in dem du das Meerschweinchenfutter aufbewahrst.

Luftdichte Dose hält das Futter frisch

Ein Keramiknapf kann nicht umgeschmissen werden

Futternäpfe
Kaufe zwei kleine Näpfe. Sie sollten nicht aus Plastik sein, denn deine Meerschweinchen könnten sie annagen.

Meerschweinchentränke
Kaufe eine Wasserflasche mit einer Röhre. Aus dieser Röhre fließt das Wasser, wenn das Meerschweinchen an ihrem Ende saugt.

Der Stall
❊ Schau dir die Maße im Bild genau an. Der Stall für deine Tiere sollte mindestens so groß sein. Er sollte zwei Räume haben. Der größere Raum ist das Wohnzimmer, der kleinere das Schlafzimmer. Deine Meerschweinchen wollen Nester bauen und sich darin verstecken.

Zimmerkäfig
Du kannst deine Meerschweinchen auch im Haus halten. Sie brauchen einen kleinen Käfig zum Schlafen. Bastle ihnen eine Spielkiste (s. S. 19) als Aufenthaltsort.

Wo sollte der Stall stehen?

Sorge dafür, daß weder Katzen noch andere Tiere hinein gelangen können

Schütze den Stall vor greller Sonne

Schütze den Stall vor Wind und Regen

Deine Tiere werden erfrieren, wenn du sie in der Kälte läßt

Stelle den Stall an einen Ort, wo du oft danach schauen kannst

17

Nötige Ausrüstung

Du benötigst eine spezielle Ausrüstung für deine neuen Haustiere. Verwende nichts aus Plastik im Stall oder in ihrer Spielkiste, denn deine Meerschweinchen werden alles anknabbern. Sorge dafür, daß alles bereit ist, bevor du deine Meerschweinchen nach Hause holst.

Luftlöcher

Tragebox
Frage in der Tierhandlung nach einem Karton, in dem du deine Meerschweinchen tragen kannst. Er sollte Löcher haben, damit deine Tiere Luft bekommen.

Handtuch   Wasserkrug   Shampoo

Wärmflasche   Waschschüssel

Weiche Borsten

Abgerundete Zinken

Bürste und Kamm
Das Fell deiner Meerschweinchen kann verfilzen. Kaufe eine kleine weiche Bürste und einen feinen Kamm, um das Fell zu entwirren.

Bürste   Kamm

Blitzsauber
Manchmal mußt du deine Meerschweinchen waschen. Kaufe besonders mildes Shampoo. Nimm eine alte Waschschüssel als Badewanne und einen Krug zum Abspülen. Außerdem benötigst du ein Handtuch zum Abtrocknen und eine Wärmflasche, um die Tiere warmzuhalten, solange sie noch naß sind.

Waage
Du mußt deine Meerschweinchen ab und zu wiegen, um festzustellen, ob sie gesund sind. Benutze eine Küchenwaage und lege die Waagschale mit Papier aus.

Waagschale

Reinigungshilfen

Um den Stall zu säubern, solltest du niemals Gegenstände benutzen, die zur Reinigung der Wohnung dienen. Frage deinen Tierarzt nach einem geeigneten Desinfektionsmittel. Hebe deine Reinigungsausrüstung an einem besonderen Platz auf, damit sie nicht für irgend etwas anderes verwendet wird.

Spielkiste

Du kannst für die Wohnung eine Spielkiste für deine Meerschweinchen basteln und ein paar interessante Dinge hineinlegen. Dort zu spielen, wird deinen Meerschweinchen Spaß machen und sie gesund halten, wenn du sie nicht ins Freie lassen kannst.

Reinigungsmittel — Desinfektionsmittel — Eimer — Gummihandschuhe — Besen — Schaufel — Scheuerbürste — Spachtel — Flaschenbürste — Tüllenbürste — Reinigungstuch

Käfigdeckel

Wenn du deine Meerschweinchen drinnen hältst, solltest du sie trotzdem ab und zu draußen Gras fressen lassen. Stelle den oberen Teil des Käfigs über sie, damit sie nicht weglaufen können.

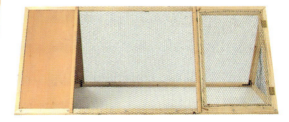

Der versetzbare Auslauf

Baue oder kaufe einen Freiauslauf für deine Meerschweinchen. Er muß einen überdachten Platz haben, damit sich die Meerschweinchen vor der Sonne schützen oder verstecken können, wenn sie Angst haben.

Meerschweinchenwahl

Du solltest mindestens zwei Meerschweinchen zusammen halten. Ein einzelnes wird sich einsam fühlen. Die Meerschweinchen müssen das gleiche Geschlecht haben. Nimm Tiere, die sich bereits aneinander gewöhnt haben. Sie sollten mindestens sechs Wochen alt sein. Wenn du mehr als zwei Meerschweinchen haben willst, suche dir Weibchen aus. Drei oder mehr männliche Tiere kämpfen miteinander.

Fünf Wochen altes Junges

Schönes Meerschweinchen

Wo bekommt man Meerschweinchen?
- Das Meerschweinchen eines Freundes hat Junge.
- Ein Züchter hat Rassemeerschweinchen.
- Ein Tierheim hat alle möglichen Arten von Meerschweinchen, die ein Zuhause suchen.

Junges oder Erwachsener?
Man verliebt sich leicht in winzige Meerschweinchenkinder. Aber denke daran, daß sie bald ausgewachsen sein werden. Ein erwachsenes Meerschweinchen kann genauso niedlich sein.

Kurzes Haar ist pflegeleichter

Langes Fell muß regelmäßig gebürstet werden

Langhaar oder Kurzhaar?
Langhaarige Meerschweinchen sehen wunderschön aus, aber ihr Fell muß oft gebürstet werden. Kurzhaarige Meerschweinchen sind pflegeleichter.

Suche dir lebhafte, verspielte Tiere aus

Ein schüchternes Junges versteckt sich

Ein mutiges Junges entdeckt die Kokosnußschale

Mami knabbert an einem Stück Gurke

1 Wenn du dir junge Meerschweinchen aussuchst, berühre sie anfangs noch nicht. Beobachte sie zuerst von einem Platz, wo du sie nicht störst.

2 Bitte den Besitzer, dir das lebhafteste Junghier herauszuholen. Frage, ob es ein Männchen oder ein Weibchen ist. Vergewissere dich, daß das Meerschweinchen nicht bereits von jemand anderem ausgesucht wurde.

Schau, ob das Junge zutraulich ist

Streichle es sanft

Neugieriges Meerschweinchen schaut sich um

Ängstliches Jungtier versteckt sich bei seiner Mutter

Diese Schuhschachtel ist ein gutes Versteck

3 Der Besitzer wird dir erlauben, das Meerschweinchen zu halten. Dafür setzt du dich am besten hin. Halte das Tier eng an deinem Körper, damit es keine Angst hat. Jetzt kannst du dich entscheiden, ob du es wirklich haben möchtest.

Lege eine Hand auf seinen Rücken

Lege die andere Hand unter den Bauch des Tieres

Prüfe, ob das Meerschweinchen klare Augen hat

Ist das Fell weich?

4 Prüfe, ob das Meerschweinchen gesund ist. Es sollte mollig und gut gefüttert sein, mit klaren Augen, einer sauberen Nase und sauberen Ohren. Das Fell muß überall glänzend und seidig sein, auch auf der Unterseite.

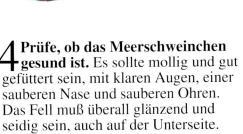

Willkommen zu Hause

Dein Meerschweinchen fürchtet sich vielleicht, wenn es seine Mutter verlassen muß. Wenn du zwei Tiere nimmst, können sie sich gegenseitig Gesellschaft leisten. Wenn du bereits ein Meerschweinchen besitzt und ein zweites dazu kaufst, solltest du die beiden bei ihrem ersten Treffen sorgfältig beobachten. Der Stall muß fertig sein, damit sich deine Meerschweinchen gleich darin einrichten können.

Der Tierarzt hört den Herzschlag deines Meerschweinchens durch sein Stethoskop

Besuch beim Tierarzt
Vereinbare einen Termin und gehe mit deinem Meerschweinchen zum Tierarzt, wenn du es abgeholt hast. Er wird dein Tier untersuchen und nachsehen, ob es gesund ist. Der Tierarzt kann dir alle deine Fragen beantworten.

Der Tierarzt stellt das Geschlecht fest

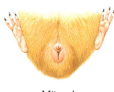

Männchen

Weibchen

Männchen oder Weibchen?
Wenn ein Meerschweinchen sehr jung ist, kann man nur schwer erkennen, ob es ein männliches oder weibliches Tier ist. Bitte den Tierarzt, das festzustellen, damit du es genau weißt.

Männlich - weiblich
Die beiden Bilder werden dir helfen, das Geschlecht deines Tieres selbst zu bestimmen. Schau zwischen den Hinterbeinen nach.

Umgang mit deinem Tier

Diese Tabelle sagt dir, wie du deine Meerschweinchen in den ersten beiden Wochen behandeln mußt.

Die ersten Tage mit deinen Meerschweinchen

1. Tag: Beobachte deine Tiere, aber störe sie nicht.
2. Tag: Vielleicht verstecken sie sich in ihrem Nest. Sprich mit ihnen, damit sie sich an deine Stimme gewöhnen.
3. Tag: Füttere sie aus der Hand. Nimm sie hoch. Halte sie gut fest, wenn sie zappeln.
4.-7. Tag: Streichle und bürste deine Tiere. Zeige sie deiner Familie und den anderen Haustieren.
8.-11. Tag: Laß deine Meerschweinchen ihr Freigehege und ihre Spielkiste entdecken.
Nach 2 Wochen: Spiele jeden Tag mit deinen Meerschweinchen.

Das Zuhause

Alles, was deine Tiere brauchen, sollte in ihrem Stall sein - Nestmaterial, Futter, Wasser und ein Ast zum Nagen. Setze dein Meerschweinchen in den Stall, damit es sein neues Zuhause erkunden kann.

Fülle den Schlafraum mit Papierschnipseln und Heu

Heu als Futter und fürs Nest

Napf mit frischem Futter

Lege den Boden mit Papier aus

Verriegel die Tür, wenn du dein Meerschweinchen in den Stall gesetzt hast

Fülle die Wasserflasche und befestige sie an der Tür

23

Meerschweinchenfreunde

Genau wie du möchten deine Meerschweinchen viele Freunde haben. Mach dir nichts draus, wenn sie davonflitzen und sich verstecken, wenn du sie hochheben willst. Sie sind nicht unfreundlich - nur schüchtern. Ein anderes Meerschweinchen wird die beste Gesellschaft für dein Haustier sein. Aber du, deine Familie und einige andere Haustiere können auch Freunde für dein Meerschweinchen werden.

Ein Meerschweinchen fühlt sich bei Freunden sicher

In guter Gesellschaft
Du kannst jede Menge weiblicher Meerschweinchen zusammen halten. Sie sind nicht gern allein. Sie entfernen sich niemals weit voneinander, wenn sie fressen. Und wenn sie schlafen, kuscheln sie sich aneinander. Das hält sie warm.

Erwachsenes Meerschweinchen beschnuppert ein Jungtier

Vorstellen eines Neulings
Wenn du einen neuen Freund für dein Meerschweinchen ausgesucht hast, sei vorsichtig. Denke daran, daß eine Gruppe von Weibchen oder ein einzelnes Männchen jeden erwachsenen Neuankömmling bekämpfen werden. Am besten ist es, ein Jungtier von ungefähr sechs Wochen zu den anderen zu setzen.

Ängstliches Jungtier

Haltung männlicher Meerschweinchen
Du solltest nicht mehr als zwei männliche Meerschweinchen zusammen in einem Stall halten. Mehr Männchen werden kämpfen. Wähle zwei männliche Jungtiere aus einem Wurf aus oder, wenn du bereits ein Männchen hast, besorge ihm einen Freund, der ungefähr sechs Wochen alt ist.

Dieses männliche Meerschweinchen verträgt sich gut mit seinem Bruder

Beobachte die Tiere die ganze Zeit

Zusammentreffen mit einem Hund

Frage einen Erwachsenen, ob du dein Meerschweinchen mit einem Hund zusammenbringen kannst. Ein verträglicher Hund wird normalerweise deinem Meerschweinchen nichts tun, aber du solltest ihn trotzdem am Halsband festhalten. Laß sie nie miteinander allein.

Sorge dafür, daß sich der Hund hinlegt

Nimm dein Meerschweinchen schnell hoch, wenn es sich fürchtet

Freund oder Feind?

Ein Kaninchen kann mit einem Meerschweinchen Freundschaft schließen. Aber genausogut können sie miteinander kämpfen. Wenn ein Kaninchen ein Meerschweinchen nicht mag, tritt es vielleicht danach. Die Hinterbeine eines Kaninchens sind sehr kräftig, so daß dies sehr weh tun kann. Halte niemals Meerschweinchen und Kaninchen zusammen in einem Stall.

Kräftige Hinterbeine können treten

Scharfe Krallen

Familienmitglied

Zeige deiner Familie und deinen Freunden, wie man deine Meerschweinchen richtig hält (s. S. 21). Am besten gefällt es ihnen, wenn sie auf dem Schoß sitzen und gestreichelt werden. Laß deine Meerschweinchen nicht mit jüngeren Geschwistern allein.

Erlaube deinem jüngeren Bruder, dein Meerschweinchen zu streicheln, während du es festhältst

Setze dich stets hin, wenn du ein Meerschweinchen auf dem Arm hast

So fühlt sich dein Meerschweinchen sicher

Füttern eines Meerschweinchens

Meerschweinchen sind Pflanzenfresser, das heißt, sie fressen nur Salat und Gemüse. Wilde Meerschweinchen ernähren sich von Samen und Wildkräutern. Damit deine Tiere gesund bleiben, mußt du ihnen ähnliches Futter geben. Am besten fütterst du sie mit speziellem Meerschweinchenfutter und mit frischem Futter (s. S. 28). Gib ihnen jeweils nur kleine Mengen.

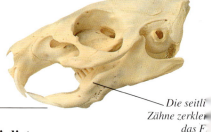

Rasiermesserscharfe Nagezähne beißen Stücke vom Futter ab

Die seitli[chen] Zähne zerkle[inern] das F[utter]

Kauspezialist
Meerschweinchenfutter muß gut gekaut werden. Zähne und Mund eines Meerschweinchens sind besonders gut geeignet zum Beißen und Kauen. Während das Futter im Mund zerkleinert wird, wird e[s] mit Speichel vermischt.

Trockenfutter

Getrocknete Kräuter

Den ganzen Tag fressen
Gras und einige Wildkräuter sind die bevorzugte Nahrung der Meerschweinchen. Sie müssen sehr viel Grünzeug fressen, um satt zu werden. Normalerweise wird dein Meerschweinchen viele Stunden am Tag mit Fressen verbringen.

Spezialfutter
Auch wenn deine Meerschweinchen im Freien Gras fressen, mußt du ihnen zusätzlich anderes Futter geben. Sie mögen sehr gerne Heu, also getrocknetes Gras. Kaufe außerdem spezielles Meerschweinchenfutter, eine Mischung aus getrockneten Pflanzen, Samen und Gemüsen.

Heu

Ein Meerschweinchen frißt den ganzen Tag

Futterzeiten
Füttere deine Meerschweinchen jeden Morgen und jeden Abend. Trockenfutter sollte immer bereitstehen. Deine Tiere legen sich damit keine Vorratslager an, wie es Eichhörnchen oder Hamster tun.

Fressen des Kots

Mach dir keine Sorgen, wenn du beobachtest, daß deine Meerschweinchen ihren eigenen Kot fressen - alle Meerschweinchen tun das. Der Magen eines Meerschweinchens kann dem Futter beim ersten Mal noch nicht alle nötigen Inhaltsstoffe entnehmen. Deshalb produzieren die Tiere weiche Böhnchen, die sie sofort wieder fressen.

In der Spitze der Röhre ist eine kleine Kugel, die das Wasser nur herausläßt, wenn jemand trinkt

Die Zunge leckt an dem Röhrchen, und Wasser fließt heraus

Frisches Wasser

Meerschweinchen in der Wildnis bekommen genügend Flüssigkeit von dem Frischfutter, das sie fressen. Deine Meerschweinchen fressen sehr viel Trockenfutter, deshalb brauchen sie zusätzlich Wasser.

Befestige die Wasserflasche so, daß deine Meerschweinchen sie gut erreichen können

Schraube den Deckel fest zu

Die Backen werden beim Nagen eingezogen

Ein Apfelbaumast ist am besten

Zahnpflege

Die Zähne deiner Meerschweinchen wachsen ständig. Wildlebende Meerschweinchen nagen an Bäumen. Dadurch bleiben die Zähne kurz. Gib deinen Tieren ein Stück hartes Holz zum Nagen, damit ihre Zähne nicht zu lang werden.

Die richtige Futtermenge

Wenn du deine Meerschweinchen fütterst, fülle die Näpfe bis zum Rand. Deine Tiere fressen nur soviel, wie sie brauchen. Wenn sie genug Auslauf und Bewegung haben, werden sie nicht zu dick.

Fülle jeden Morgen und Abend den Futternapf auf

27

Frisches Futter

Wenn du jeden Tag Salat und frisches Obst ißt, bleibst du gesund. Diese Nahrungsmittel stecken voller Vitamine. Auch deine Meerschweinchen müssen frisches Futter bekommen. Gib ihnen Gemüse- und Obstreste aus der Küche und sammle Wildkräuter für sie. Aber sei vorsichtig! Einige Wildpflanzen sind giftig. Auf dieser Seite siehst du, welche Wildkräuter als Fressen für deine Meerschweinchen geeignet sind.

Wildpflanzen
Sammle zweimal in der Woche ein paar Handvoll Gras und Wildkräuter für deine Meerschweinchen. Außerdem kannst du sie frisches Gras abweiden lassen (s. S. 39).

Löwenzahn

Gras

Sauerampfer

Klee

Wegerich

Futterspiele
Verstecke das Futter für deine Meerschweinchen in einem Ziegelstein oder unter einem Heuhaufen. Frischfutter riecht sehr stark. Deine Meerschweinchen werden Spaß daran haben, es zu suchen.

Das schlaue Meerschweinchen hat das Futter gefunden

Dieses Tier riecht das Futter, kann es aber nicht sehen

☻ Das Futter muß frisch sein
Frische Pflanzen, Obst und Gemüse werden schnell alt. Wirf dieses Futter weg, wenn es bis zum Abend nicht gefressen wurde. Gib deinen Meerschweinchen niemals frisch gemähtes Gras, denn es schimmelt schnell.

Lieblingsobst
Gib jedem deiner Meerschweinchen jeden Tag etwas frisches Obst. Apfel- und Birnenschnitze sollten in kleine Stücke geschnitten werden, damit sie leichter zu fressen sind.

Knackiges Gemüse
Gib jedem deiner Meerschweinchen jeden Tag eine Handvoll kleingeschnittenes Gemüse. Vielleicht bekommst du beim Gemüsehändler geeignete Abfälle. Aber vergewissere dich, daß sie frisch sind.

Lebenswichtige Vitamine
Genau wie du brauchen deine Meerschweinchen Vitamin C, um gesund zu bleiben. Sorge dafür, daß deine Meerschweinchen Futter mit viel Vitamin C bekommen. Gib jedem einzelnen ein Viertel einer Orange oder eine große Handvoll frischen Kohl oder Grünkohl.

Säubern des Stalls

Deine Meerschweinchen lieben ein sauberes Zuhause. Wenn der Stall schmutzig wird, beginnt es zu riechen und deine Tiere können krank werden. Du solltest jeden Tag den Stall säubern und Futternapf und Trinkflasche auswaschen. Wenn du damit fertig bist, statte den Stall mit neuem Papier, Nestmaterial, Heu, Futter und Wasser aus. Schrubbe den Stall einmal in der Woche gründlich.

Vergiß nicht, die Futternäpfe herauszunehmen

Setze das Meerschweinchen mit den Füßen zuerst in die Schachtel

1 Setze deine Meerschweinchen eins nach dem anderen in die Tragebox, während du den Stall sauber machst, denn dort sind sie sicher. Wenn das Wetter schön ist, kannst du deine Tiere in der Zeit auch in ihr Freigehege bringen (s. S. 39).

Kehre Futterreste zusammen mit dem Nestmaterial auf

Denke daran, das alte Papier herauszunehmen

Mit Gummihandschuhen bleiben deine Hände sauber

2 Benütze Schaufel und Besen, um das alte Heu, verdorbenes Futter und andere Hinterlassenschaften deiner Meerschweinchen aufzufegen. Ziehe Gummihandschuhe an. Nimm das alte Papier heraus. Wirf alles zusammen in den Mülleimer.

Schrubbe nicht zu fest, sonst beschädigst du das Holz

3 Benütze die Bürste, um alle Überbleibsel vom Boden oder von den Wänden des Stalls zu entfernen. Die Ecken sind meist am schmutzigsten. Kehre alles mit Schaufel und Besen zusammen.

Abwasch
Wasche die Futternäpfe gut aus. Vielleicht mußt du sie einweichen, wenn sie sehr schmutzig sind. Trockne sie mit Küchenpapier ab.

Wisch die Ecken gut aus

Reinigen der Trinkröhre
Vergewissere dich, daß nichts die Trinkröhre verstopft. Reinige sie mit der Tüllenbürste. Dann schüttel die Röhre. Dabei mußt du hören, wie sich die kleine Kugel bewegt.

Drehe die Bürste im Röhrchen

Desinfektionsmittel

Eimer mit heißem Seifenwasser

Reinige mit der Bürste das Innere der Flasche

Reinigung der Wasserflasche
Gieße heißes Seifenwasser in die Flasche. Schrubbe das Innere mit der Flaschenbürste. Spüle die Flasche gut mit klarem Wasser aus, bevor du sie wieder mit frischem Wasser füllst.

Vollständig sauber
Schrubbe einmal in der Woche das Innere des Stalls mit heißem Seifenwasser. Spüle mit klarem Wasser nach und besprühe das Stallinnere mit Desinfektionsmittel. Dann laß den Stall gut trocknen.

Fellpflege

Bürste deine Meerschweinchen jeden Tag, damit sie sich an dich und die Bürste gewöhnen. Langhaarige Tiere und Rosetten-Meerschweinchen haben oft Schmutz und Heu in ihrem Fell. Regelmäßiges Bürsten hält das Fell sauber und glatt. Wasche deine Meerschweinchen, wenn ihr Fell zu schmutzig wird und stinkt.

Der Vorderfuß putzt das Gesicht

Vorderzähne entfernen Schmu[tz]

Sauber geleckt
Ein Meerschweinchen verbringt viel Zei[t] mit der Fellpflege. Es benutzt seine Vorderzähne wie einen Kamm und seine Zunge wie einen Waschlappen. Auch die Krallen an den Hinterpfoten werden wie ein Kamm benutzt.

Bürste das Fell in Wuchsrichtung

So bürstest du richtig
Um ein langhaariges Meerschweinchen zu pflegen, bürste das Fell auf seinem Rücken vom Kopf zum Schwanz. Dann bürste den Bauch und unter dem Kinn.

Halte dein Meerschweinchen mit einer Hand fest

Lege ein[e] Hand a[uf] seinen Rücke[n]

Beruhige dein Meerschweinchen

Lege eine Hand als Unterstützung unter dein Tier

1 Wenn du dein Meerschweinchen waschen willst, setze es vorsichtig in eine Waschschüssel mit etwas warmem Wasser. Es wird zappeln, also halte es gut fest.

Kämmen
Nach dem Bürsten solltest du den Kamm benutzen. Kämme zuerst den Rücken und dann unter dem Kinn. Entwirre Haarknoten mit den Fingern.

Ziehe den Kamm sanft durch das Fell

2 Schütte etwas Wasser über das Meerschweinchen,

aber achte darauf, daß das Gesicht trocken bleibt. Verreibe etwas Spezialshampoo mit den Fingerspitzen im ganzen Fell.

3 Spüle dein Meerschweinchen mit klarem Wasser ab.

Schütte dazu warmes Wasser aus dem Krug über den Nacken. Reibe dabei den Schaum heraus. Fahre damit fort, bis kein Schaum mehr zu sehen ist.

Verreibe das Shampoo unten und oben

Das Meerschweinchen sieht weiß und schaumig aus

Spezialshampoo

Krug mit warmem Wasser

Halte den Kopf hoch, damit das Seifenwasser nicht in die Augen läuft

4 Setze dein Meerschweinchen auf das Handtuch und wickle

es schnell darin ein, bevor es sich schüttelt und dich durchnäßt. Reibe dein Tier trocken. Wenn du das Handtuch wegnimmst, werden seine Haare zu Berge stehen. Bürste und kämme dein Meerschweinchen sanft.

5 Setze dein Meerschweinchen in die Tragebox.

Wickle die Wärmflasche in ein sauberes Handtuch und lege sie auf den Boden der Schachtel, um dein Tier warm zu halten. Stelle die Schachtel in ein warmes Zimmer. Wenn das Meerschweinchen wieder vollständig trocken ist, setze es zurück in seinen Stall.

Reibe das Fell überall mit dem Handtuch trocken

Wärmflasche, eingewickelt in ein Handtuch

Gemütliches Bett aus Heu

Die Meerschweinchensprache

Meerschweinchen zeigen durch ihre Bewegungen, in welcher Stimmung sie sind. Sie kennzeichnen Dinge, die ihnen gehören, mit ihrem Geruch. Sie machen lauter Geräusche, vom Schnurren bis zum Quieken. Beobachte sie, und bald schon wirst du verstehen, was sie ausdrücken wollen.

Nase schnuppert in der Luft
Aufmerksame Augen
Gestreckter Nacken

Schnuppern

Duftende Hinweise
Meerschweinchen schnuppern die Luft, um herauszufinden, ob jemand in der Nähe ist. Wenn sich zwei Meerschweinchen treffen, beschnuppern sie sich gegenseitig vorne oder hinten, um festzustellen, ob sie Freunde sind oder nicht.

Schnuppern am Hinterteil eines Fremden, um festzustellen, ob es ein Freund ist

Gegenseitiges Beschnuppern

Eigentum markieren
Genauso wie du kennzeichnen deine Meerschweinchen ihr Eigentum. Aber anstatt ihre Namen daraufzuschreiben, hinterlassen sie ihren Geruch. Er ist in der Haut ihrer Backen, ihres Bauches und ihres Hinterteils. Er befindet sich auch in dem Fett, das aus der Fettdrüse an ihrem Hintern kommt.

Die Nase nimmt den Geruch des anderen auf

Nase an Nase schnuppern

Nachgezogenes Hinterteil

Durch Reiben des Hinterteils auf dem Boden wird der Geruch hinterlassen

Kennzeichnen mit Fett

Fett wird auf den Ast gerieben

Wangenreiben

Der Geruch wird auf der Wange des anderen hinterlassen

Wie ein Standbild

Meerschweinchen sind sehr schüchtern. Wenn sie ein fremdes oder lautes Geräusch hören, erstarren sie. Kein Haar bewegt sich. Sie denken, daß der Feind sie nicht findet, wenn sie ganz ruhig stehen.

Glattes Fell

Aufgestelltes Fell
Augen starren den Feind an

Wütendes Meerschweinchen

Ängstlich weggedrehter Kopf

Ängstliches Meerschweinchen

Aug in Aug mit dem Feind

Ein Meerschweinchen kann wütend werden. Seine Haare stellen sich dann auf, damit es größer aussieht. Es macht ein lautes klapperndes Geräusch, um dem anderen zu zeigen, daß es ärgerlich ist.

Wütendes Meerschweinchen

Wenn ein Meerschweinchen wütend wird, gähnt es, um seine rasiermesserscharfen Zähne zu zeigen.

Weit geöffneter Mund, um die Zähne zu zeigen

Boxkampf

Wenn beide Meerschweinchen mutig sind, werden sie miteinander kämpfen. Sie stehen auf ihren Hinterbeinen und stoßen sich gegenseitig mit den Köpfen. Die Münder sind zum Beißen geöffnet.

Aufgestellte Haare
Gespitzte Ohren

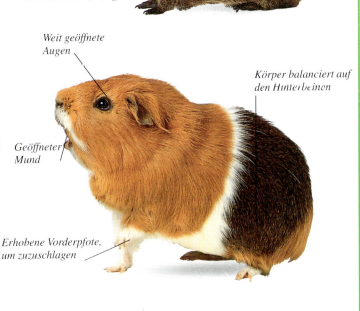

Weit geöffnete Augen
Körper balanciert auf den Hinterbeinen
Geöffneter Mund
Erhobene Vorderpfote, um zuzuschlagen

Das Freigehege

Meerschweinchen sind gerne draußen. Bitte einen Erwachsenen, ein Stück eures Gartens für ein Freigehege einzuzäunen. Stelle den Stall in eine geschützte Ecke. Suche in Haus und Garten nach geeignetem Spielzeug für deine Meerschweinchen. Baue eine kleine Rampe, damit sie alleine vom Stall ins Freigehege klettern können.

Trinkflasche mit frischem Wasser

Meerschweinchen versteckt sich in einer großen Röhre

Steine als Versteck

Tonröhre zum Durchlaufen

Kleiner Ast zum Nagen

Löcher im Ziegelstein sind ein prima Futterversteck

Ein paar Steine sind ein gutes Versteck

Vorsicht vor diesen Gefahren!

Plastikplane als Regenschutz für das Freigehege

Maschendraht schützt das Freigehege vor anderen Tieren

Dinge zum Sammeln
Suche Ziegelsteine, Steine und Tonröhren für das Freigehege. Meerschweinchen entdecken gerne Neues.

Katzen können in das Freigehege springen

Raubvögel können herabstoßen

Unkrautvertilgungsmittel im Gras sind giftig

Hunde erschrecken deine Meerschweinchen

Einige Pflanzen sind giftig

Schutz für das Freigehege
Es macht Spaß, Meerschweinchen im Freigehege zu beobachten. Wenn du selbst dich nicht im Freigehege aufhältst, solltest du es mit Maschendraht bedecken, damit keine anderen Tiere hinein können. Lege eine Plastikplane über das Gehege, um es vor Regen zu schützen.

Schütze das Freigehege vor Sonne und schlechtem Wetter

Möhren

Querstäbe verhindern, daß deine Meerschweinchen auf der Rampe ausrutschen

37

Beschäftigungen

Aus Tierzeitschriften oder von deinem Tierarzt kannst du die Adresse des örtlichen Meerschweinchenclubs erfahren. Wenn du diesem Club beitrittst, kannst du mit anderen Meerschweinchenbesitzern darüber sprechen, was du mit deinen Tieren alles machen kannst. Bestimmt haben einige gute Ideen, wie du eine Spielkiste und ein Freigehege bauen kannst.

Meerschweinchenausstellung
Du kannst deine Meerschweinchen auf eine Ausstellung bringen. Die Jury wird diejenigen Meerschweinchen auszeichnen, die am besten gepflegt sind.

Rosette für den Besitzer des Gewinners

Gebürstetes Fell sieht wunderschön aus

Die Spielkiste für drinnen
Bitte einen Erwachsenen, mit dir eine Spielkiste zu bauen. Fülle sie mit Spielzeug aus Holz und Pappe. Setze deine Meerschweinchen jeden Tag einmal hinein. Wenn sie kein Freigehege zum Spielen haben, mußt du sie jeden Tag mindestens eine Stunde in ihrer Spielkiste laufen lassen.

Setze dein Meerschweinchen vorsichtig mit den Füßen zuerst in die Kiste

Frisches Trinkwasser

Obst- und Gemüsestückchen zum Fressen

Papierschnipsel werden zu einem gemütlichen Nest

Kartonrolle zum Durchkriechen

Jede Seitenwand muß mindestens 20 cm hoch sein

Heu als Bodenunterlage

Rampe zum Hinauf- und Hinunterklettern

Schuhschachtel mit Loch ist ein schönes Spielhaus

Kleiner Ast zum Nagen

Futternapf mit Trockenfutter

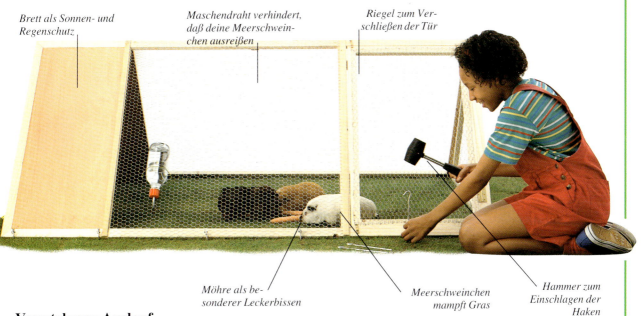

Brett als Sonnen- und Regenschutz

Maschendraht verhindert, daß deine Meerschweinchen ausreißen

Riegel zum Verschließen der Tür

Möhre als besonderer Leckerbissen

Meerschweinchen mampft Gras

Hammer zum Einschlagen der Haken

Versetzbarer Auslauf

Bei trockenem Wetter kannst du deine Meerschweinchen jeden Tag eine Stunde in einem Freiauslauf grasen lassen. Schlage feste Haken als Befestigung des Rahmens ein, damit deine Meerschweinchen es nicht umstoßen und andere Tiere nicht hineingelangen können. Versetze den Freiauslauf jeden Tag, damit deine Meerschweinchen immer frisches Gras haben.

Trennungen

Ferienzeit
Du kannst deine Meerschweinchen nicht immer mitnehmen, wenn du verreist. Du brauchst jemanden, der sich um deine Tiere kümmert. Vielleicht hast du einen Freund, der auch Meerschweinchen besitzt und sich während deiner Abwesenheit um deine kümmern kann.

Erinnerungsliste
Schreibe einen Zettel mit allen Arbeiten, die täglich erledigt werden müssen. Notiere sie in der richtigen Reihenfolge. Deine Meerschweinchen haben sich daran gewöhnt und werden durch eine Änderung vielleicht verunsichert. Notiere auch Namen und Telefonnummer deines Tierarztes.

Gepäck
Stelle alles Nötige für deinen Freund zusammen. Sorge für genügend Futter. Vergiß nicht die Utensilien für Fellpflege und Reinigung.

Deine Meerschweinchen verreisen
Bringe deine Meerschweinchen in ihrer Tragebox oder einem kleinen Käfig zu deinem Freund. Nimm auch ihre Spielkiste oder den Freiauslauf mit, wenn dein Freund keine Möglichkeit hat, die Tiere frei laufen zu lassen.

Meerschweinchennachwuchs

Genauso wie eine Frau Kinder bekommen kann, können auch weibliche Meerschweinchen Junge bekommen. Überlege es dir gut, bevor du männliche und weibliche Meerschweinchen zum Kinderkriegen zusammen hältst. Du mußt für jedes Junge ein gutes Zuhause finden. Der Tierarzt kann deine Meerschweinchen kastrieren. Dann können sie keine Junge mehr bekommen.

Gefaltetes Ohr

Weit geöffnete Augen

Fellbedeckter Körper

Miniaturausgabe
Ein neugeborenes Meerschweinchen sieht wie ein winziges Erwachsenes aus. Es hat bereits überall Fell und geöffnete Augen. Schon nach ein paar Minuten kann es herumkrabbeln, und mit vier Tagen kann es bereits feste Nahrung fressen.

❀ Verantwortungsvoller Besitzer
Vielleicht stellst du es dir ganz lustig vor, wenn deine Meerschweinchen Junge bekommen. Aber vergiß nicht, daß diese knuddeligen, kleinen, flauschigen Wesen bald groß werden. Du mußt für jedes von ihnen ein neues Zuhause finden.

1 Die Neugeborenen trinken bei ihrer Mutter Milch. Es können bis zu vier Junge sein. Da die Meerschweinchenmutter nur zwei Zitzen hat, können nur zwei Junge gleichzeitig trinken.

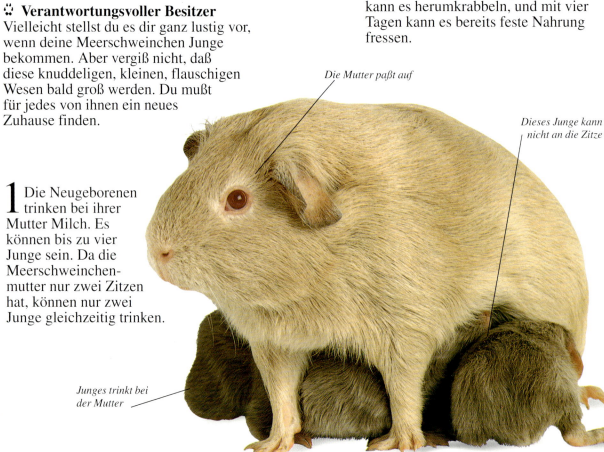

Die Mutter paßt auf

Dieses Junge kann nicht an die Zitze

Junges trinkt bei der Mutter

Unternehmungslustiges Junges krabbelt nach oben

Junges kuschelt sich an das andere, um sich zu wärmen

Junges schaut nach seinen Geschwistern

2 Im Alter von zwei Wochen möchten die Meerschweinchen nicht mehr allein sein. Sie machen ein schnurrendes Geräusch, um sich gegenseitig mitzuteilen, wo sie sind. Sie kuscheln sich aneinander, um sich zu wärmen. Bis zum Alter von drei Wochen trinken sie bei der Mutter Milch.

Aufmerksame Augen

Gespitzte Ohren

3 Wenn die Kleinen fünf Wochen alt sind, werden sie sehr neugierig. Jetzt sind sie schon fast alt genug, um selbst Junge zu bekommen. Die Männchen und Weibchen müssen voneinander getrennt werden, denn sie sind dafür noch nicht alt genug.

Neugierig schnuppernde Nase

aurötliches l

Leuchtendrotes Auge

4 Mit fünf Monaten ist ein Meerschweinchen schon fast ausgewachsen. Sowohl Männchen als auch Weibchen können jetzt selbst eine Familie gründen. Trenne sie voneinander, es sei denn, du willst Junge züchten.

Dickes glattes Fell

5 Wenn ein Meerschweinchen älter wird, wird sein Körper molliger. Es braucht mindestens einen Freund, damit es Bewegung hat. Du solltest immer zwei Meerschweinchen vom selben Geschlecht zusammen halten.

Ein erwachsenes Meerschweinchen ist mollig

Gesundheitsvorsorge

Du mußt gut für deine Meerschweinchen sorgen, damit sie gesund bleiben. Du mußt ihnen das richtige Futter geben (s. S. 26), sie gut pflegen (s. S. 32) und ihren Stall regelmäßig säubern (s. S. 30). Außerdem mußt du jeden Tag ein paar einfache Untersuchungen mit deinen Meerschweinchen durchführen. Du wirst schnell lernen festzustellen, ob es einem von ihnen nicht gutgeht. Wenn du meinst, daß irgend etwas nicht in Ordnung ist, bringe es zum Tierarzt.

Halte dein Meerschweinchen mit einer Hand fest

1 Prüfe, ob das Fell deines Meerschweinchens in Ordnung ist. Streiche es zurück, damit du die Haut betrachten kannst. Das Fell sollte weich sein und sauber riechen. Vergiß nicht, den Bauch zu betrachten und auch an versteckten Orten nachzuschauen, zum Beispiel zwischen seinen Hinterbeinen.

Lies das Gewicht deines Meerschweinchens ab

Lege Papier auf die Waagschale

2 Wiege dein Meerschweinchen jede Woche am selben Tag zur selben Zeit. Schreibe das Gewicht auf. Säubere die Waagschale anschließend sorgfältig. Wenn dein Meerschweinchen ab- oder zugenommen hat, könnte es krank sein oder zu wenig Bewegung haben.

Schau ins Ohr hinein

Ziehe das Fell um das Ohr herum zurück

3 Untersuche Ohren und Augen deines Meerschweinchens. Die Ohren sollten sauber und die Augen klar und glänzend sein.

Kralle ist zu lang

Kralle hat die richtige Länge

4 Prüfe, ob die Krallen deines Meerschweinchens nicht zu lang sind. Nimm jede Pfote einzeln sanft zwischen Daumen und Finger. Schau nach, ob die Krallen die richtige Länge haben.

Ziehe die Lippen mit den Fingern zurück

5 Um die Zähne deines Meerschweinchens zu kontrollieren, lege das Tier in deinem Schoß auf den Rücken. Ziehe seine Lippen zurück. Die Zähne sollten sauber und weiß, kurz und gerade sein.

Reinigung der Fettdrüse
Männliche Meerschweinchen haben manchmal einen klebrigen Fleck am Hinterteil. Das kommt von der Fettdrüse. Säubere dort das Fell vorsichtig mit Seifenwasser und spüle nach.

Waschmittel

Verwende einen seifigen Schwamm

Pflegeliste für dein Meerschweinchen

Benütze diese Liste, um Buch zu führen über alle nötigen Arbeiten.

Kopiere diese Liste. Hake jeden Posten ab, wenn du ihn erledigt hast.

Jeden Tag:

Füttere deine Tiere

Reinige die Näpfe

Säubere und fülle die Flasche

Wechsle die Einstreu

Ersetze das Papier

Wechsle das Heu

Bürste deine Tiere

Setze deine Tiere mindestens für eine Stunde ins Freigehege

◆

Einmal die Woche:

Untersuche das Fell

Untersuche Augen und Ohren

Untersuche die Krallen

Untersuche die Zähne

Schrubbe den Stall

Wiege deine Tiere

Untersuche die Fettdrüse

Räume das Freigehege auf

Säubere die Spielkiste

Kontrolliere Futter- und andere Vorräte

◆

Einmal im Jahr:

Bringe deine Meerschweinchen zur Untersuchung zum Arzt

43

Besuch beim Tierarzt

Der Tierarzt und die Arzthelferinnen möchten, daß deine Meerschweinchen gesund und glücklich bleiben. Sie werden dir sagen, wie du richtig für deine Tiere sorgen kannst. Du kannst sie alles fragen, was du wissen willst. Sie werden auch versuchen, deinen Meerschweinchen zu helfen, wenn sie krank sind.

Verband Bandage Watte

Pflaster

Salzbeutel

Arztkoffer

Schere Mull Desinfektionsmittel

Erste-Hilfe-Ausrüstung
👫 Du kannst eine spezielle Erste-Hilfe-Ausrüstung für deine Meerschweinchen vorbereiten. Die Arzthelferin wird dir erklären, wie jedes Teil verwendet wird. Genauso wie du können sich deine Meerschweinchen verletzen. Die Ausrüstung enthält alles, was du als Erste Hilfe brauchst, damit es deinem Tier besser geht, während du es zum Tierarzt bringst.

Die Arzthelferin hält dein Meerschweinchen fest

Mit dem Stethoskop kann man den Herzschlag eines Meerschweinchens hören

Die Arzthelferin
Sie hilft dem Tierarzt. Sie weiß eine ganze Menge über Meerschweinchen. Wenn du irgendwelche Fragen wegen deiner Meerschweinchen hast, rufe die Arzthelferin an.

Der Tierarzt
Der Tierarzt untersucht deine Meerschweinchen. Wenn sie krank sind, wird er dir sagen, was getan werden muß, damit sie sich wieder erholen. Manchmal gibt er dir Medizin für deine Tiere mit.

Mein Meerschweinchen

- Weißer Streifen
- Struppiges Fell
- Braunes Ohr
- Schwarzes Auge

Laß Platz für ein Foto oder male ein Bild von jedem deiner Meerschweinchen. Dann markiere jeweils die besonderen Kennzeichen.

Name:

Geburtstag:

Gewicht:

Lieblingsfutter:

Bester Freund:

Tierarzt:

Arzthelferin:

Telefonnummer des Tierarztes:

Versuche, einen Bericht über deine Meerschweinchen anzulegen. Kopiere diese Seite oder mache dir ein eigenes Muster. Dann trage die richtigen Daten deiner Meerschweinchen ein.

Register

A
Aguti-Meerschweinchen 14, 15
Ast zum Nagen 16, 27, 38
Aufzucht der Jungen 40-41
Augen 11, 40, 43
Ausstellung 38

B
Baden 18, 32-33
Beine 10, 11

E
einfarbiges Fell 14, 15
Erste-Hilfe-Ausrüstung 44

F
Fell 11, 12, 14-15, 20, 21, 32, 42
Ferien 39
Fettdrüse 11, 34, 43
Freiauslauf 19, 39
Freigehege 36-37
Freunde 24-25, 34
Futter 23, 26, 28-29
Futternapf 17, 23, 31
Fütterung 13, 26-27, 28-29

G
Gemüse 28-29
Geruch 34
Geschlecht 22
Gesundheit 21, 42-43, 44
Gras 26, 28, 39

H
Haare, siehe Fell
Haube 14, 15
Heu 16, 38

J
Jungtiere 20, 21, 22, 40-41

K
Käfig 17, 19
Kastration 40
Kot 27
Krallen 10, 43

M
Magen 10
männliche Tiere 20, 22, 24, 43

Meerschweinchenclub 38
Meerschweinchenwahl 20-21
mehrfarbiges Fell 14, 15
Mund 10, 11, 26

N
Nagetiere 10, 13

O
Obst 28, 29
Ohren 11, 43

P
Pflege 32-33

R
Rassen 14-15
Reinigung 30-31

S
Schnuppern 11, 24, 34
Spielen 23, 36, 38
Spielkiste 19, 38
Stall 16-17, 23, 30-31, 36

T
Tasthaare 10, 11
Tierarzt 22, 40, 44
Tragebox 18, 30, 33

V
Verhalten 13, 34-35
Vitamin C 29

W
Waage 18, 42
Wasser 27
Wassertränke 17, 23, 27, 31
weibliche Tiere 22, 24, 40, 41
wilde Meerschweinchen 12-13
Wildkräuter 28

Z
Zähne 10, 11, 26, 27, 43
Zitze 10, 40